L'AUTEUR

DU SYSTÈME.

A. PIHAN DELAFOREST,

IMPRIMEUR DE MONSIEUR LE DAUPHIN ET DE LA COUR DE CASSATION,

rue des Noyers, nº 37.

L'AUTEUR

DU SYSTÈME.

(1720 — 1825.)

(Habemus confitentem reum.)

PARIS,

HIVERT, Libraire, rue des Mathurins Saint-Jacques, n° 18 ;
PONTHIEU, Libraire, au Palais-Royal.

1825.

Des paroles contredites par les actes et démenties par les faits, méritent d'être recueillies, d'être rappelées à la mémoire des Chambres, des peuples, des princes.

Rien n'a réussi au ministre, parceque le ministre n'a rien compris, rien combiné. La tribune révèle toutes les causes de nos désastres.

Dans les deux phases de la discussion, à l'occasion du projet qui n'est pas passé en loi, et de la loi qui n'a pas répondu au projet, on le voit toujours consumé de la fièvre à la hausse, toujours possédé de la manie du crédit.

En 1824, le ministre argumente :

« Le cinq était bientôt à 110 et 115 : donc, il comprime le crédit. Le cinq a fourni sa course : donc, il provoque l'agiotage. L'étranger possède 25 millions dans le cinq : donc, ce placement ne lui convient pas. »

« Le trois ayant une longue carrière ouverte en hausse et en baisse, est peu soumis à l'action du jeu. Le trois peut gagner 33 pour 100 ; il garantit à jamais contre un intérêt trop élevé ; il attire les capitaux étrangers ; il renferme tous les élémens de prospérité. »

En 1825, le ministre dogmatise :

« Le droit des rentiers, l'engagement de l'Etat, l'intérêt de l'Etat, le devoir de l'amortissement, obligent à racheter les cinq au-dessous du pair, à soutenir leur cours jusqu'au pair, à les amortir plutôt que les trois : et c'est ce que la loi leur accorde. »

« L'indemnité ne sera pas acquittée en valeurs dépréciées, en effets exposés à l'agiotage. L'émission des rentes lui donnera un capital d'un milliard, à réaliser à volonté. »

« Le cinq n'offre plus que des chances de perte : le trois présente moins de chances de perte sur le capital. La hausse des trois est assurée par la combinaison du ministère : on aura la facilité d'emprunter des trois à 80 et 85. »

Les résultats sont connus : le cinq dépouillé, le trois avili, l'indemnité perdue, le commerce ruiné, le crédit anéanti !

« Peut-être l'auteur du Système s'était-il persuadé que le pays où il voulait opérer donnerait la préférence aux opérations d'un effet rapide et précipité, sur celles dont le succès progressif exige une assiduité constante de vues et une uniformité de conduite pendant des années. Mais il devait, par la même raison, concevoir que, dans un pareil pays, les révolutions du crédit devaient être également rapides et précipitées ; car la confiance du peuple gouverné est toujours relative aux maximes du gouvernement. » (*Forbonnais*, vol. 6, page 367.)

Versailles, 13 décembre 1825.

L'AUTEUR

DU SYSTÈME.

EXTRAITS DES DISCOURS DU MINISTRE.

5 avril 1824. — Notre crédit éprouve encore en ce moment les effets sensibles de circonstances transitoires qui, lors même qu'elles auront cessé, laisseront des *traces utiles,* mais dont il importe de profiter quand elles sont dans toute leur force, ainsi que la prudence veut qu'on use de tout ce qui est accidentel et passager.

Au nombre de ces dernières circonstances, je ne citerai que l'élan donné à *l'élévation du cours* de nos fonds publics, *l'espèce de fièvre à la hausse* qui s'est emparée de toutes les places où se négocient les fonds publics de l'Europe, enfin *la manie des prêts,* qui a fourni depuis quelque temps, *à qui l'a voulu,* la facilité de remplir des emprunts.

Quoi qu'il en soit des causes, voici les faits : notre rente a dépassé le pair ; elle se vend au-dessus, avec la connaissance d'un prochain remboursement ou d'une réduction des intérêts à quatre. *Elle serait à cent dix et cent quinze,* si la loyauté du gouvernement ne l'eût porté à laisser pénétrer ses intentions, à mesure qu'il a conçu l'espérance de les réaliser.

5 avril 1824. — La mesure que nous proposons procurera une réduction de 28 à 50 millions sur les dépenses annuelles de l'Etat, sans diminuer en rien la puissance de la caisse d'amortissement, sans aggraver les conditions des nouveaux emprunts ; enfin, en opérant, dès ce moment, la réduction des intérêts de la dette publique au taux de 4 pour 100, et en émettant des titres qui peuvent s'améliorer, en capital, jusqu'à ne plus porter *qu'un intérêt de 3 pour 100,* sans qu'ils soient contenus dans *cette voie d'amélioration* par la crainte d'un nouveau remboursement : cette mesure nous paraît donc renfermer, de la manière la plus complète et la plus féconde, *tous les élémens de prospérité* qu'on peut trouver dans une disposition financière.

5 avril 1824. — L'abondance des capitaux et le développement de notre crédit ont fait baisser l'intérêt de l'argent à ce point, que nous pouvons offrir *sans danger et presque sans dommage,* à nos créanciers, le remboursement de *la plus forte masse de rentes* sur laquelle on ait ja-

mais fait, dans aucun pays, une semblable opération, ou la réduction de 4 pour 100 au lieu de 5 pour 100 des intérêts de cette dette. Il y a si peu de doutes sur la réussite, qu'on ne trouve d'autre moyen de la combattre, que d'attaquer sa légalité ou sa justice : *je n'ai encore entendu personne révoquer en doute sa possibilité.*

Quelle preuve plus forte pourrait être donnée du fait que nous avançons, et qui doit décider toute la question ; savoir, que *l'abondance des capitaux et le crédit de l'Etat* sont tels, que nous pouvons emprunter à 4 pour 100 en rente *constituée?*

5 avril 1824. — Vous pouvez emprunter à 4, et vous devez à 5 ; vous offrez aux rentiers actuels la préférence de la conversion ; et *s'ils la refusent par humeur ou par ignorance* de leurs véritables intérêts, vous usez de votre droit ; vous les remboursez, et donnez à d'autres, au même taux, les effets que ceux-ci ont refusés.

La conversion une fois opérée, vous avez réduit de 5o millions les charges annuelles de l'Etat ; vous avez substitué à des effets publics constitués à 5 pour 100, et dans le cours desquels la crainte du remboursement ou de la diminution de l'action de l'amortissement devait jeter *la perturbation que nous observons à la Bourse en ce moment;* vous avez substitué, dis-je, des 5 pour 100 que vous avez émis au cours de 75, c'est-à-dire au taux qui fait ressortir le capital des porteurs de 5 pour 100 au pair, et fixe leur intérêt à 4. Mais vous avez dégagé cet effet de la crainte du remboursement ou de la diminution de l'amortissement. *Il peut gagner 33 pour 100* avant que vous rentriez dans le droit de le rembourser ; et comme *plus ce nouvel effet montera, plus vous accroîtrez la richesse publique en capitaux*, et plus vous aiderez au développement de votre prospérité, en diminuant les intérêts de l'argent ; vous devez ménager avec le plus grand soin à l'amortissement toute la force possible pour vous aider à atteindre ces résultats.

24 avril 1824.—Par l'adoption de la loi qui vous est soumise, en diminuant le taux de l'intérêt de votre dette, vous appelez cette diminution dans tout le royaume, vous aidez au développement de toutes les sources de la richesse publique, et *vous garantissez à jamais contre le retour d'un intérêt trop élevé*, non-seulement le contribuable, mais encore l'agriculture, le commerce et l'industrie.

24 avril 1824. — On estime en ce moment à *25 millions les rentes qu'ils possèdent.* Si vous conserviez des 5 pour 100 au pair, *ce genre de placement ne leur convenant pas*, ils réaliseraient au plus haut prix les bénéfices qu'ils ont faits, depuis qu'ils ont fourni les capitaux, et s'ils trouvent des acheteurs chez nous, il en résultera que *nous aurons encore engouffré dans nos fonds pu-*

blics la masse de numéraire que ces achats enlèveraient à une destination plus utile. Mais si nous substituons à nos 5, des 3 pour 100, *les capitaux étrangers ne seront pas retirés de nos fonds publics ; ils y afflueront, au contraire ;* et nos propres capitaux, ceux que nous supposions tout-à-l'heure devoir les remplacer, seront conservés aux besoins de notre prospérité intérieure.

31 mai 1824. — On a dit que les nouveaux fonds étaient plus susceptibles que tous autres d'accroître et *de provoquer le jeu et l'agiotage à la Bourse.*

Nous avons répondu que les 3 pour 100 à 75, *ayant une longue carrière ouverte en hausse et en baisse, sans obstacle ni chance spéciale inhérente à eux,* ils étaient *peu soumis à l'action du jeu,* qui ne s'établit avec avantage que sur des *combinaisons compliquées* et difficiles à apprécier par tout le monde.

Pour se donner quelque avantage, sous ce rapport, contre les nouveaux effets, on a supposé les anciens irrévocablement fixés à 100. Nous avons démontré cette supposition chimérique, et prouvé que les moyens qu'on voulait employer pour la réaliser étaient *merveilleusement propres à encourager l'agiotage* et à faciliter les combinaisons avec lesquelles *les habiles s'approprient à ce jeu la fortune des dupes.*

31 mai 1824. — Prenez-y garde, messieurs, l'arrivée du

cours de nos rentes au pair est un événement plus grave qu'il n'a paru aux orateurs qui nous ont reproché *d'avoir troublé, par nos plans d'amélioration*, une situation si douce et si bonne pour les rentiers, qu'il fallait, nous ont-ils dit, *se borner à en jouir.*

31 mai 1824. — La rente des 5 pour 100 au pair, on est dans la nécessité ou de renoncer à la libération de l'Etat, au moyen de l'amortissement, c'est-à-dire *de rompre une des conditions essentielles du système de crédit*, dans lequel nous sommes, ou de renoncer formellement au droit de remboursement, qui *jette la perturbation dans les esprits, affecte notre crédit, et provoque l'agiotage*, tant qu'on le laisse subsister sans en user, ou sans substituer, comme nous le proposons, à un effet *qui a fourni sa course, un effet qui en ait une nouvelle ouverte devant lui*, en compensant cette concession, par une réduction dans le taux de l'intérêt.

31 mai 1824. — C'est ce dernier parti que nous avons pris ; il lève les difficultés de la position, *il conserve et accroît le crédit public*, il donne, pour résultat immédiat, une diminution de 28 millions dans les charges publiques.

La France *toute entière* sait donc où en est cette grave question, et *toute entière* elle s'y intéresse, car *toute entière* elle a payé les frais de l'établissement du crédit, *toute entière* elle en supporte chaque jour les nécessités onéreuses, *toute entière* elle en attend le prix. *Le prix, c'est la conservation du crédit,* précieuse ressource dans les circonstances difficiles ; et les conséquences du crédit, c'est la diminution de l'intérêt de l'argent dans les circonstances favorables. Refuseriez-vous d'accéder à *ce vœu si juste, si légitime, si général,* d'après les considérations d'intérêt privé et d'*intérêt de localité* qui vous ont été présentées ?

2 avril 1825. — La nouvelle combinaison de l'amortissement se réduit *à lui interdire le rachat au-dessus du pair des rentes* que l'Etat a le droit de rembourser au pair. Pour trouver dans cette disposition un moyen détourné pour forcer à la conversion, il faudrait prouver deux choses : l'une, que lorsque les 5 pour 100 sont au-dessus du pair, *on a encore le droit d'exiger que l'Etat les rachète au cours;* la seconde, c'est qu'en employant les fonds de l'amortissement à racheter les rentes au-dessous du pair, on donne à celles-ci un tel avantage qu'on force les porteurs des 5 à prendre des 3 pour 100.

16 avril 1825. — L'intention du gouvernement n'est pas de priver, d'une manière absolue les 5 pour 100 du bénéfice de l'amortissement. *Si les rachats doivent cesser à leur égard,* c'est *seulement* quand ils sont au-dessus du pair ; mais *quand ils tombent au-dessous, l'avantage évident de l'état est de les amortir* préférablement aux 3.

26 avril 1825. — Mais, dit-on, cette conversion n'a rien de facultatif, le choix n'est pas libre, la volonté du rentier

est contrainte par *la menace* qu'on lui fait de *le déshériter* de toute part à l'amortissement, s'il persiste à demeurer dans les 5 pour 100. C'est une erreur, et la loi proposée ne dit rien de tel : *elle interdit le rachat des 5 au-dessus du pair*, parcequ'elle suppose l'existence d'un autre fonds au-dessous de ce taux ; *mais aussitôt que les 5 tomberont au-dessous du cours de 100*, les rachats recommenceront, *parcequ'il sera dans l'intérêt de l'Etat* de racheter plutôt des 5 que dés 3, et ainsi les possesseurs des 5 n'éprouveront *aucun dommage*, puisque l'Etat fera pour eux *tout ce qu'il s'est engagé à faire*, en soutenant le prix de leur rente *jusqu'au point où il peut les rembourser.*

27 avril 1825. — Comment pourrait-on donc soutenir qu'il résulte de ce qui s'est passé depuis la restauration, un droit formel pour les porteurs des 5 pour 100 d'absorber une partie de l'amortissement, qui pourrait se porter ailleurs avec plus d'avantage ? *le seul droit* qu'ils aient est de participer à l'amortissement *lorsque leur rente est au-dessous du pair, et c'est ce que la loi leur accorde.*

28 avril 1825. — On insiste cependant, et l'on soutient que les petites rentes jetées sur la place sans acheteurs, produiront du désordre et feront tomber les 5 pour 100 ; si cela était vrai, le remède serait à côté du mal, *puisqu'aussitôt que les 5 pour 100 tomberaient au-dessous*

du pair, le devoir de l'amortissement serait d'y repor-
ter ses rachats; ce qui, dans le système de l'amendement,
ne pourrait pas avoir lieu, la répartition du fonds étant
invariable.....

3 janvier 1825. — Treize à quatorze cent millions de propriétés foncières, dégagées *de la défaveur qui en avilit le prix,* qui en suspend l'amélioration , qui en gêne les mutations , doivent accroître d'une manière notable le produit des droits sur les transactions des propriétés. *Un milliard d'accroissement de fortune,* ajouté aux débris sauvés du naufrage par les victimes de la confiscation, doit agir puissamment aussi sur l'aisance d'un grand nombre de consommateurs.

Si nous ne sommes pas abusés par les conséquences de l'indemnité , si nous apprécions avec exactitude *son influence sur la sécurité, la prospérité et la richesse du pays,* nous devons trouver, dans la combinaison financière que nous venons d'exposer, les moyens de satisfaire au paiement de l'indemnité par ses propres résultats, joints à la suspension de l'accroissement du fonds d'amortissement pendant les cinq années prises pour opérer ce paiement.

3 janvier 1825.—Si nous eussions proposé de prendre à la caisse d'amortissement les 30 millions de rente qui doivent être émis , le crédit public se fût trouvé

doublement affecté par l'émission de ces 5o millions,
et par la diminution des 3o millions pris à l'amortissement. Le cours des rentes en circulation et celui des rentes
à émettre eût été assez considérablement affaibli pour
rendre *cette mesure injuste envers nos rentiers* actuels,
et *ruineuse pour ceux* à qui nous n'aurions donné une
indemnité tardive que dans *des valeurs dépréciées* par
le mode même que nous aurions choisi pour les solder.

3 janvier 1825. — Des fonds émis pour une opération
spéciale quelconque seraient *plus exposés que d'autres à
l'action de l'agiotage ;* s'il a paru bon et utile de créer des
rentes à divers titres et à diverses échéances, il ne l'est
pas moins que les diverses origines de la dette publique
soient *effacées dans une confusion commune,* qui les fasse
toutes jouir des mêmes avantages, et *subir les mêmes
épreuves devant l'opinion.*

2 avril 1825. — Nous avons déja signalé *le vice d'une dette
compacte* et composée d'une seule espèce de fonds ; nous
avons saisi l'occasion de l'émission de nouvelles rentes, pour
réparer autant qu'il était en nous, l'inconvénient qui en résulte. Nous vous avons demandé la création de rentes à 3
pour 100 ; mais le devoir de ménager et les contribuables et
le crédit public, nous a forcés, comme je l'ai dit plus haut,
à graduer et distribuer en cinq années l'émission de ces

nouvelles valeurs. Devons-nous laisser pendant tout ce temps *l'action de l'amortissement entravée*, *le crédit public comprimé* et les nouvelles rentes dans un isolement du reste de la dette *qui pourrait nuire à leur négociation*, et *faire réagir sur les autres fonds la défaveur* que la malveillance ou la prévention pourraient chercher à *déverser sur elles*?

12 avril 1825.—C'est une erreur. *Il est bien vrai* qu'en émettant une somme de 30 millions de rentes, on ajoute cette somme aux charges des contribuables, ou du moins on les prive d'un dégrèvement égal qu'on aurait pu leur accorder; mais l'émission de ces rentes donne *au même instant* aux indemnisés *un capital d'un milliard qu'ils peuvent réaliser à leur gré*, et qui augmente la masse de la richesse publique, *dans une proportion bien supérieure* à celle de la charge qu'impose le service des intérêts.

Le Ministre n'ignore pas tout ce qu'on peut dire contre cette assertion; mais si elle n'est pas exacte, comment expliquer *cette multiplication des capitaux*, *cet accroissement prodigieux de la prospérité*, depuis l'époque où nous sommes entrés dans la route du crédit, depuis le moment où nous avons commencé à faire usage de ce moyen puissant qui a porté à un si haut degré la richesse et l'industrie d'une nation voisine?

5 janvier 1825. — L'ART. 4 du projet est destiné à faire disparaître les inconvéniens que nous venons de signaler, et à préparer le passage à une meilleure distribution de nos fonds publics en diverses espèces de rentes, réunissant les divers avantages que peuvent vouloir en retirer leurs possesseurs. Cet article *accorde* à tous les propriétaires actuels des rentes 5 pour 100 sur l'Etat, la *faculté de requérir* du ministre des finances la conversion de ces rentes 5 pour 100 en rentes 3 pour 100 au taux de 75 fr.

Au moyen de cette conversion facultative, *nous espérons appeler sur le marché des fonds au-dessus du pair,* durant les trois mois où l'action de l'amortissement serait suspendue, en attendant l'émission du premier cinquième des nouvelles rentes.

Nous croyons maintenir le cours des 5 pour 100 au-dessus du pair, quoique ce cours les prive de participer à l'action journalière de l'amortissement, en ouvrant la voie des 3 pour 100 aux porteurs des 5 pour 100 qui préféreraient la condition des nouveaux fonds à celle des anciens.

3 janvier 1825. — Tel est, messieurs, le plan financier au moyen duquel nous avons pensé que vous pourriez ac-

complir la grande mesure politique qui doit honorer à jamais cette session, en consolidant, au lieu de l'atténuer, le puissant levier de force et de crédit que vous offre dans son état actuel, la caisse d'amortissement, en rachetant à mesure que vous les émettriez, la moitié des rentes créées pour l'indemnité ; *en assurant à ces valeurs*, dans les mains de ceux qui auraient la confiance et la faculté de les conserver, une *hausse assez probable* pour atténuer la perte qu'ils éprouveraient, si elles fussent restées long-temps *à un taux éloigné du prix nominal* pour lequel elles leur seront données ; *en rendant de l'activité et du prix* par la faculté de les convertir à des valeurs parvenues à leur apogée, *n'offrant plus pour leurs propriétaires que des chances de perte*, et pour l'Etat, qu'un obstacle invincible au développement de son crédit.

16 avril 1825. — Au lieu de la conversion facultative des rentes, on propose la spoliation de l'amortissement ; mais où donc est l'avantage d'une pareille combinaison ? Le rentier sera-t-il satisfait de voir disparaître une partie *du gage qui lui avait été affecté ?* Le contribuable ne s'effraiera-t-il pas de la réduction à moitié de cette ressource puissante pour les cas extraordinaires ? Et l'indemnisé lui-même *préférera-t-il des 5 pour 100, dépréciés* par la réduction de l'amortissement, *à des 3 pour 100, dont la hausse serait assurée par la combinaison du ministère ?*

**

27 avril 1825. — Ainsi l'opération ne bouleversera pas, comme on l'a dit, toutes les fortunes. On pourrait craindre, d'un autre côté, qu'elle n'offrît aucun résultat, et que tous les porteurs des 5 pour 100 se déterminassent à les conserver. Mais alors du moins, il serait bien établi que la crainte du remboursement n'a troublé personne, et l'état resterait toujours le maître de rembourser au pair, *au moyen d'un emprunt en 3, dont l'élévation progressive du cours* rendrait les conditions plus favorables.

9 mai 1825. — Je suppose maintenant le contraire ; je suppose que, par l'effet *de manœuvres tendant à aveugler les porteurs de 5 pour 100* sur leur véritable position, et à leur faire croire qu'ils n'ont pas à craindre le remboursement si la loi ne réussit pas, ces porteurs refusent d'user *des facultés accordées par la loi,* dans quelle position se trouvera-t-on l'année prochaine et les années suivantes ? On se trouvera dans la même situation où l'on était cette année, c'est-à-dire avec le crédit public comprimé par la crainte du remboursement, et même dans une situation plus forte, *car on aura un autre effet au-dessus du pair,* lequel effet, par suite de l'agiotage, *aura été poussé à une valeur supérieure* à celle qu'il devrait avoir.

De là résultera *la facilité d'emprunter des 3 pour 100 à 80 ou 85,* et de rembourser une masse quelconque de 5 pour 100 avec l'argent qu'aura produit cet emprunt.

9 mai 1825. — Cette liberté reste entière. Ceux qui, tenant à ne pas perdre sur leurs intérêts, s'inquiètent peu d'un capital qu'ils ne veulent pas réaliser, resteront dans les 5 pour 100, et ceux-là ne s'inquiètent guère de la loi nouvelle ; d'autres s'occupent *de l'intérêt de leur famille, dans l'avenir*, et pouvant faire un sacrifice sur l'intérêt qu'ils reçoivent actuellement ; mais voulant surtout *se garantir contre la dépréciation momentanée* que pourrait éprouver le crédit dans le moment où ils auraient à disposer de leurs rentes, ceux-là disent : J'aime mieux faire un sacrifice sur l'intérêt, *et être plus sûr de rentrer dans mon capital, le jour où je le voudrai.* Et ils préfèrent les 3 pour 100, parceque *cet effet là présente moins de chances de perte sur le capital* ; ils entrent donc librement dans les 3......

17 mai 1825. — Messieurs, pour dissiper ces inquiétudes, on voudra bien se rappeler qu'il y a beaucoup de bon sens dans notre pays. J'ai eu plus d'une fois occasion de dire à la Chambre, la confiance que nous avions dans *cette rectitude de l'opinion*, et nous nous en rapportons à elle *pour faire justice*, j'oserai le dire, de bien des choses qu'elle est *en état d'apprécier, beaucoup plus, peut-être, qu'on ne voudrait* (on rit). Nous avons pourtant, dans cette occasion, un autre auxiliaire : c'est l'intérêt privé. Nous savons très bien, et mieux peut-être que ceux qui croient que nous avons beaucoup d'inquiétude, *et qui, par le mouvement qu'ils se donnent, nous pa-*

raissent en avoir plus que nous (on rit) ; nous savons très bien que l'intérêt particulier nous secondera ; *chaque rentier est là pour faire son calcul*, et, nonobstant tout ce qu'on pourra dire, soyez sûrs qu'il le fera suivant son grand intérêt. Nous ne demandons pas autre chose, et nous sommes sûrs de l'obtenir. C'est peut-être parceque les orateurs qui témoignent ces inquiétudes ont, comme nous, cette conviction, qu'ils se donnent tant de mouvement pour présenter *la situation de la France comme précaire, comme alarmante pour l'avenir*, s'il survenait le moindre événement qu'on se plaît à prévoir, *lorsque rien ne peut le faire supposer*.

Eh bien ! nous nous en rapportons à ces deux grands juges, de l'opinion éclairée, impartiale, d'une part, et de l'intérêt particulier de l'autre.

FIN.